Die Prophezeiungen

Die Prophezeiungen. Erhört Gott unsere Gebete?
Beten sie doch endlich mal wieder

„Denn ich, ich kenne meine Pläne, die ich für euch
habe -- Spruch des Herrn --, Pläne des Heils und nicht
des Unheils; denn ich will euch eine Zukunft und eine
Hoffnung geben." (Jer. 29: 11)

"Gott erfüllt nicht alle unsere Wünsche, aber alle
seine Verheißungen."

BoD™
BOOKS on DEMAND

„Denn ich, ich kenne meine Pläne, die ich für euch habe -- Spruch des Herrn --, Pläne des Heils und nicht des Unheils; denn ich will euch eine Zukunft und eine Hoffnung geben." (Jer. 29: 11)

"Gott erfüllt nicht alle unsere Wünsche, aber alle seine Verheißungen."

„Liebe sieht nicht mit den Augen, sondern mit dem Herzen."

Heinz Duthel

Die Prophezeiungen
Menschen Leid und Schmerz
Beten sie doch endlich mal wieder mit ihren Kindern.

Bibliografische Information der Deutschen Nationalbibliothek:
Die Deutsche Nationalbibliothek verzeichnet diese
Publikation in der Deutschen Nationalbibliografie;
detaillierte bibliografische Daten sind im Internet
über http://dnb.dnb.de abrufbar.

Mitwirkende: **Parapsychologie. Club**

Herstellung und Verlag: BoD – Books on Demand,
Norderstedt

ISBN: 9783746088907

Inhaltsverzeichnis

- Die Prophezeiungen des heiligen Nilus über das 20. Jahrhundert
- Intelligenz durch fleischliche Leidenschaften verdunkelt
- Frauen von Männern nicht zu unterscheiden
- Ohne Moral: Ehebruch, Homosexualität, Sabotageakte...
- Keine frommen Hirten mehr - die Treuen ziehen sich zurück
- Durch den Antichristen kommt der Höhepunkt des Abfalls
- Die technischen Errungenschaften überbieten alles Bisherige
- Die Überheblichkeit des Menschen führt zur Gottlosigkeit
- Dann, Kind, kommt der Schmerz der Schmerzen, der Schlußakt, die letzte Phase des Dritten Weltkrieges mit Einsatz von Atombomben und Raketen = Atomkrieg in Europa, gefolgt von der „Kugel der Erlösung"

Die Prophezeiungen. Erhört Gott unsere Gebete? Beten sie doch endlich mal wieder

„Denn ich, ich kenne meine Pläne, die ich für euch habe -- Spruch des Herrn --, Pläne des Heils und nicht des Unheils; denn ich will euch eine Zukunft und eine Hoffnung geben." (Jer. 29: 11)
"Gott erfüllt nicht alle unsere Wünsche, aber alle seine Verheißungen."

Am Anfang schuf Gott Himmel und Erde.
Johannes von Jerusalem
Pietätlosigkeit
Aberglauben
Irreligiosität
Epheser 5, 10-11
Menschen Leid und Schmerz
Denker und Propheten
NON SERVIAM = "Ich werde nicht dienen, ich bin ja selbst wie Gott!
(Jer. 29: 11)
"Wer ist wie Gott?!" = Mi-cha-el ?
Bete! Kehre um! Große Dinge stehen auf dem Spiele!
Satan: Geld, Macht und Einfluss
Satan wird triumphieren!
Die Kräfte der Natur werden im Gange sein
Der Mensch wird starrköpfig sein, denn er ist vom Stolz besessen
Ja, ich sage dir, ihre Bosheit war beim Menschengeschlecht nie so groß wie heute!

„Helft mir beten, ich kann nicht mehr weiter!
Ihr wisst nicht, welch schreckliche Zeiten euch bevorstehen!
Glücklich alle, die gestorben sind!"
„Das ist die Epoche der Zerstörung aller Werte."
Infamen Sekten der Freimaurerei
„Ideenverwirrung und Vorherrschaft der Diebe."
Die Prophezeiungen des heiligen Nilus über das 20. Jahrhundert
• Intelligenz durch fleischliche Leidenschaften verdunkelt
• Frauen von Männern nicht zu unterscheiden
• Ohne Moral: Ehebruch, Homosexualität, Sabotageakte...
• Keine frommen Hirten mehr - die Treuen ziehen sich zurück
• Durch den Antichristen kommt der Höhepunkt des Abfalls
• Die technischen Errungenschaften überbieten alles Bisherige
• Die Überheblichkeit des Menschen führt zur Gottlosigkeit
Dann, Kind, kommt der Schmerz der Schmerzen, der Schlußakt, die letzte Phase des Dritten Weltkrieges mit Einsatz von Atombomben und Raketen = Atomkrieg in Europa, gefolgt von der „Kugel der Erlösung"

Hurrikane des Feuers werden ausströmen aus den Wolken und sich über die ganze Erde verbreiten! Stürme, Unwetter, Blitze und Erdbeben werden die Erde bedecken für zwei Tage. Ein ununterbrochener Feuerregen wird niedergehen! Es wird beginnen während einer sehr kalten Nacht. All das ist der Beweis, dass Gott der Herr der Schöpfung ist.

„Man muss lernen, sein Trinken zu kauen und sein Essen zu trinken. Wozu sonst gibt es Speichel?"

Glaube fest an Gott den Herrn
Glaube an SEIN Walten!
Niemals ist es unmodern,
sich an Gott zu halten.

Wer hat die Sonne denn gemacht,
den Mond und all die Sterne?
Wer hat den Baum hervorgebracht,
die Blumen nah und ferne?

Wer schuf die Tiere Groß und Klein?
Wer gab mir auch das Leben?
Das tat der liebe Gott allein.
Drum will ich dank ihm geben.

Gibt es Vorausschau?

Ja! Es gibt Propheten und Voraussagen von Gott: „Immer wieder hatte Gott, der Herr, sein Volk durch seine Boten, die Propheten, gewarnt; denn er hatte Mitleid mit seinem Volk. Sie aber verhöhnten die Boten Gottes; sie verachteten Gottes Wort und verspotteten seine Propheten, bis der Zorn des Herrn gegen sein Volk so groß wurde, dass es keine Heilung mehr gab" (2 Chronik 36, 15).

Ja! Es gibt Propheten und Voraussagen von Gott: „Immer wieder hatte Gott, der Herr, sein Volk durch seine Boten, die Propheten, gewarnt; denn er hatte Mitleid mit seinem Volk. Sie aber verhöhnten die Boten Gottes; sie verachteten Gottes Wort und verspotteten seine Propheten, bis der Zorn des Herrn gegen sein Volk so groß wurde, dass es keine Heilung mehr gab" (2 Chronik 36, 15).

„Denkt an die Worte, die von den hl. Propheten im Voraus verkündet worden sind!" (2 Petr 3, 2).

„Vor allem sollt ihr eines wissen: Am Ende der Tage werden Spötter leben, die sich nur von ihren sinnlichen Begierden leiten lassen und höhnen: Wo bleibt denn die verheißene Wiederkunft Jesu?"
(2 Petr 3, 3-13).

„Durch Wasser ging die damalige Welt zugrunde, als sie vom Wasser überflutet wurde (Sintflut). Die jetzige Erde aber wird für das Feuer aufgespart. Sie wird bewahrt bis zum Tag der Abrechnung, an dem die Gottlosen zugrunde gehen werden... Bei Gott ist ein

Tag wie tausend Jahre, und tausend Jahre sind wie ein Tag
(Ps 90, 4).

Der Herr zögert nicht mit der Erfüllung der Verheißungen, wie einige meinen. Er ist nur geduldig mit euch (und wartet noch), weil er nicht will, dass jemand zugrunde geht, sondern dass alle sich bekehren. Der Tag des Herrn wird plötzlich kommen, wie ein Dieb ... dann erwarten wir, seiner Verheißung gemäß, einen 'neuen Himmel und eine neue Erde' (Jes 65, 17), in denen die Gerechtigkeit wohnt."

„Gott hat die Engel, die gesündigt haben, nicht verschont... Auch die damalige Welt hat er nicht verschont ... sondern nur Noah, als er die Flut über die Welt der Gottlosen brachte. Auch die Städte Sodom und Gomorra hat er eingeäschert und untergehen lassen, als ein Beispiel für alle Gottlosen und späteren Zeiten" (2 Petr 2, 4-9).

Seher, die Revolutionen voraussagen:

Helena Aiello
Rosa Kolumba Asdente
Barbara Becher
Don Bosco
Alois Irlmaier
Franz Kugelbeer
La Salette
Pater Pio
Zwei Feldpostbriefe
Bauer aus dem Waldviertel
Erna Stieglitz
Elisabet Eppinger
Maria Agnes Steiner
Lied der Linde
Josef Stockert
Birgitta von Schweden
Caesarius von Heisterbach
Marie-Julie Jahenny
Anna Katharina Emmerich
Jasper
Ludovico Rocco
Spielbähn
Marie Mesmin
Katharina vom Ötztal
Pater Nectou
Prophezeiungen eines Priesters

Der Papst flieht aus dem Vatikan. Die Flucht des
Papstes hängt unmittelbar mit der Revolution in Rom
zusammen. Der Papst wird viel zu leiden haben, aber
die Bestrafung der Gottlosen wird nicht auf sich war-

ten lassen, denn die Tage werden schrecklich unter den schrecklichsten sein!

Seher, die auch eine Flucht des Papstes voraussagen:

Don Bosco
Alois Irlmaier
Franz Kugelbeer
La Salette
Erna Stieglitz
Maria Agnes Steiner
Lied der Linde
Caesariums von Heisterbach
Die heilige Kirche wird verfolgt werden und Rom wird des Heiligen Vaters beraubt werden.

Seher, die eine Kirchenverfolgung sehen:

Don Bosco
Caesarius von Heisterbach
Leonie Nicke van den Dyck
Elisabeth Alphonsa Eppinger
Mutter Maria Graf-Sutter
Katharina vom Ötztal
Rosa Columba Asdente
Anna Katharina Emmerich
Maria Agnes Steiner
Fatima

Dann wird, meine Kinder, die große Warnung von Garabandal folgen und wird sich erfüllen.

Die weltweite Warnung von Garabandal ist die letzte Warnung und auch das Vorzeichen für das kommende Strafgericht. Unsere Liebe Frau will, dass ihr wisset, dass eine weltweite Warnung und dann ein großes Wunder kommen werden, und wenn darauf der Mensch sich nicht bessert, ihr von einem Kometen getroffen werdet. Die Warnung ist eine Sache, die direkt von Gott kommt. Alle Menschen auf der ganzen Welt werden sie sehen können, egal, wo immer sie sich befinden sollten. Die weltweite Warnung ist das letzte Ultimatum für euch.

Diese Warnung kommt, wenn es auf der Welt schlecht aussehen wird, also in „schwieriger Zeit". (Zeit der Revolutionen?)

Das große Wunder, das in Garabandal für einen Donnerstag um 20 Uhr 30 angekündigt ist, ereignet sich.

Es kommt nach dem großen Schnee zwischen 8. und 16. April oder Mai; wahrscheinlich im selben Jahr? Es wird das größte Wunder sein, das Jesus für die Welt gewirkt haben wird. Die Ereignisse danach werden dramatisch sein.

Ausbruch des „Dritten Weltkriegs" = das 1. Strafgericht Gottes.

Es wird vom Menschen selbst gemacht. Alle Prophetien und Voraussagen, die das Ende dieses Jahrhunderts betreffen, schildern einen Dritten Weltkrieg, in dessen Verlauf ganze Nationen vernichtet und viele Hauptstädte der Welt zerstört werden.

Der Überfall auf die Nationen. Viele Nationen werden unterworfen werden.

Die totale Herrschaft des Antichristen zusammen mit der Herrschaft seines „Propheten", des Antipapstes (Gegenpapst?).

Das Zeichen des Tieres (666) wird die Welt beherrschen.

Dann, Kind, kommt der Schmerz der Schmerzen, der Schlußakt, die letzte Phase des Dritten Weltkrieges mit Einsatz von Atombomben und Raketen = Atomkrieg in Europa, gefolgt von der „Kugel der Erlösung" (Typhon?). Polsprung.

Den Dritten Weltkrieg haben vorausgesagt:

Erna Stieglitz

Bauer aus dem Waldviertel
Elena Aiello
Katharina vom Ötztal
Alois Irlmaier
Josef Stockert
Franz Kugelbeer
Fatima
Zwei Feldpostbriefe
Sepp Wudy
Marie-Julie Jahenny
La Salette
Rosa Kolumba Asdente
Jasper
Mühlhiasl
Jüngling von Prag
Spielbähn
Hepidanus von St. Gallen
Mönch von Werl
Franziska Maria Beliante
Prophezeiung eines Priesters
Leonie Nieke von den Dyck
Ein Kapuziner aus Düsseldorf
Ein Mönch aus Maria Laach, 16. Jhdt.

Die vorausgesagte dreitägige Finsternis = 2. Strafgericht Gottes = die kosmische Katastrophe - sie beendet den Dritten Weltkrieg durch das Eingreifen Gottes.

Seher, die eine dreitägige Finsternis ankündigen:
Nach den meisten weltlichen und religiösen Vorhersagen ist die immer wieder erwähnte dreitägige Finsternis nicht auf den Menschen, sondern auf Gottes Eingreifen zurückzuführen. Durch dieses „große Ab-

16

räumen" soll der Dritte Weltkrieg abgebrochen werden. Das Ereignis, in dessen Verlauf sich die Mächte der Finsternis ihre Opfer holen, soll mitten im Krieg eintreten und den totalen Atomkrieg zwischen den Supermächten verhindern. Die Seher sind:

Bauer aus dem Waldviertel
Alois Irlmaier
Bernhard Clausi
Marie-Julie Jahenny
Franz Kugelbeer
Mutter Graf-Sutter
Helena Aiello
Josef Stockert
Anna Maria Taigi
Das Lied der Linde
Gräfin Beliante
Theresia Helena Higginson
Palma von Oria Magdalena
Porsat Elisabeth Canori-
Mora Maria Baourdi
Birgitta von Schweden
Hepidanus von St. Gallen
Spielbähn
Anna Henle
Pater Pio
Elena Leonardi
Mutter „Gemma"
Anna Katharina Emmerich
Caesarius von Heisterbach
Prophezeiungen eines Priesters

1 Am Anfang schuf Gott Himmel und Erde.

2 Und die Erde war wüst und leer, und es war finster auf der Tiefe; und der Geist Gottes schwebte auf dem Wasser.

3 Und Gott sprach: Es werde Licht! und es ward Licht.

4 Und Gott sah, daß das Licht gut war. Da schied Gott das Licht von der Finsternis

5 und nannte das Licht Tag und die Finsternis Nacht. Da ward aus Abend und Morgen der erste Tag.

6 Und Gott sprach: Es werde eine Feste zwischen den Wassern, und die sei ein Unterschied zwischen den Wassern.

7 Da machte Gott die Feste und schied das Wasser unter der Feste von dem Wasser über der Feste. Und es geschah also.

8 Und Gott nannte die Feste Himmel. Da ward aus Abend und Morgen der andere Tag.

9 Und Gott sprach: Es sammle sich das Wasser unter dem Himmel an besondere Örter, daß man das Trockene sehe. Und es geschah also.

10 Und Gott nannte das Trockene Erde, und die Sammlung der Wasser nannte er Meer. Und Gott sah, daß es gut war.

11 Und Gott sprach: Es lasse die Erde aufgehen Gras und Kraut, das sich besame, und fruchtbare Bäume, da ein jeglicher nach seiner Art Frucht trage und habe seinen eigenen Samen bei sich selbst auf Erden. Und es geschah also.

12 Und die Erde ließ aufgehen Gras und Kraut, das sich besamte, ein jegliches nach seiner Art, und Bäume, die da Frucht trugen und ihren eigenen Samen bei sich selbst hatten, ein jeglicher nach seiner Art. Und Gott sah, daß es gut war.

13 Da ward aus Abend und Morgen der dritte Tag.

14 Und Gott sprach: Es werden Lichter an der Feste des Himmels, die da scheiden Tag und Nacht und geben Zeichen, Zeiten, Tage und Jahre

15 und seien Lichter an der Feste des Himmels, daß sie scheinen auf Erden. Und es geschah also.

16 Und Gott machte zwei große Lichter: ein großes Licht, das den Tag regiere, und ein kleines Licht, das die Nacht regiere, dazu auch Sterne.

17 Und Gott setzte sie an die Feste des Himmels, daß sie schienen auf die Erde

18 und den Tag und die Nacht regierten und schieden Licht und Finsternis. Und Gott sah, daß es gut war.

19 Da ward aus Abend und Morgen der vierte Tag.

20 Und Gott sprach: Es errege sich das Wasser mit webenden und lebendigen Tieren, und Gevögel fliege auf Erden unter der Feste des Himmels.

21 Und Gott schuf große Walfische und allerlei Getier, daß da lebt und webt, davon das Wasser sich erregte, ein jegliches nach seiner Art, und allerlei gefiedertes Gevögel, ein jegliches nach seiner Art. Und Gott sah, daß es gut war.

22 Und Gott segnete sie und sprach: Seid fruchtbar und mehrt euch und erfüllt das Wasser im Meer; und das Gefieder mehre sich auf Erden.

23 Da ward aus Abend und Morgen der fünfte Tag.
24 Und Gott sprach: Die Erde bringe hervor lebendige Tiere, ein jegliches nach seiner Art: Vieh, Gewürm und Tiere auf Erden, ein jegliches nach seiner Art. Und es geschah also.

25 Und Gott machte die Tiere auf Erden, ein jegliches nach seiner Art, und das Vieh nach seiner Art, und allerlei Gewürm auf Erden nach seiner Art. Und Gott sah, daß es gut war.

26 Und Gott sprach: Lasst uns Menschen machen, ein Bild, das uns gleich sei, die da herrschen über die Fische im Meer und über die Vögel unter dem Himmel und über das Vieh und über die ganze Erde und über alles Gewürm, das auf Erden kriecht.

27 Und Gott schuf den Menschen ihm zum Bilde, zum Bilde Gottes schuf er ihn; und schuf sie einen Mann und ein Weib.

28 Und Gott segnete sie und sprach zu ihnen: Seid fruchtbar und mehrt euch und füllt die Erde und macht sie euch untertan und herrscht über die Fische im Meer und über die Vögel unter dem Himmel und über alles Getier, das auf Erden kriecht.

29 Und Gott sprach: Seht da, ich habe euch gegeben allerlei Kraut, das sich besamt, auf der ganzen Erde und allerlei fruchtbare Bäume, die sich besamen, zu eurer Speise,

30 und allem Getier auf Erden und allen Vögeln unter dem Himmel und allem Gewürm, das da lebt auf Erden, daß sie allerlei grünes Kraut essen. Und es geschah also.

31 Und Gott sah alles an, was er gemacht hatte; und siehe da, es war sehr gut. Da ward aus Abend und Morgen der sechste Tag.

...Und Gott schuf den Menschen ihm zum Bilde, zum Bilde Gottes schuf er ihn; und schuf sie einen Mann und ein Weib.

Und die Menschheit vermehrte sich nach Gottes Willen auf der ganzen Erde und sie machten sich wie Gott befohlen die Erde Untertan befruchteten die Länder die Erde begannen mit Ackerbau Kulturen schlossen sich zusammen in Gruppen gemeinsam das vorgegebene Ziel Gottes zu erreichen.

Der Herr unser Gott schaffte keine Nationen, Königsreiche, Grafschaften und andere Herrschaftsgebiet.

Nach Gottes Willen gab es keine Menschen die schwarz weiß gelb oder rot gemacht worden sind, es gab nur einen Gott und es gab keine Trennung zwischen Hindus Buddhisten Christen oder Muslime.

"Ich bin der Herr, Dein Gott. Du sollst keine anderen Götter neben mir haben." / "Du sollst an EINEN Gott glauben und IHN ALLEIN anbeten". Als Gott zu Moses sprach ich bin der Herr dein Gott, du sollst an einen Gott glauben alleine anbeten war dieses ein Gebot, das erste Gebot das alle Menschen auf dieser Erde nur einen Gott achten und ehren müssen.

Das erste Gebot verbietet uns die Pietätlosigkeit, den Aberglauben, die Irreligiosität; ferner den Abfall (Apostasie) vom Glauben, die Irrgläubigkeit (Häresie), das freiwillige Zweifeln und die schuldhafte Unwissenheit hinsichtlich der Wahrheiten des Glaubens.

Dieses erste Gebot verbietet allen Menschen auf unserer Erde den Abfall vom Glauben und vor allem das freiwillige Zweifeln und die schuldhafte Unwissenheit hinsichtlich der Wahrheit des Glaubens, der ewige Vertrag zwischen unseren Schöpfer unseren Gott unseren einigen und einzelnen Gott für alle Menschen auf dieser Erde.

Durch die Verteilung und Eroberungen der ganzen Erde der Befruchtung der ganzen Erde haben sich in manchen Gebieten statt des wahren Glaubens Religionen des Aberglaubens und der ihr Irreligiosität geschaffen. Aber die Masse größte Menge der Menschen auf unserer Erde beten und glauben noch immer an unseren Schöpfer und Gott. Selbst in asiatischen oder fernen Ostgebieten wie zum Beispiel in Indien wo der Hinduismus stark vertreten ist, gibt es im Hinduismus glauben einen Gott. Der Ursprung unserer Menschheit die Schaffung unserer Menschheit durch die unendliche Macht unseres Gottes ist damit noch in der Masse der Menschheit auf Erden verankert.

Der jüdische Glaube der muslimische Glaube der christliche Glaube ist immer einen einzigen Schöpfer und Gott verbunden. Zwar hat die Menschheit im Laufe der Jahrtausende viele Philosophen, Propheten und Lehrer des Glaubens oder der Auslegung des Glaubens hervorgebracht, welche das praktizieren oder das beten an unseren Schöpfer und Gott verschieden praktizieren aber trotzdem immer noch an einen Schöpfer an einen Gott glauben.

Denker und Propheten oder Philosophen haben es sich zur Aufgabe gemacht seit dem Bestehen der Menschheit die zehn Gebote oder die Schaffung der Menschheit immer verschieden zu interpretieren, aber wenn man von verschiedenen Praktiken absieht, so sind doch alle Wort Gottes Befehl Gottes unseres Schöpfers verpflichtet: und Gott sprach seid fruchtbar und mehrt euch und füllt die Erde und macht sie euch Untertan und herrscht über die Fische im Meer über die Vögel unter den Himmel über alles Getier, das auf Erden kriecht.

Epheser 5, 10-11
10 Prüft, was dem Herrn gefällt, 11 und habt nichts gemein mit den Werken der Finsternis, die keine Frucht bringen, sondern deckt sie auf!

Gott wusste, dass ein Großteil der Engel den Himmel verlassen würde und sich ein eigenes Reich gründen wollte. Durch den Engelsturz wurden viele Milliarden Engelplätze im Himmel leer, die Gott mit anderen Geistern auffüllen wollte. Weitere Engel konnte er nicht erschaffen, weil alle Engel, die Gott erschaffen wollte, erschaffen waren.

Er erschuf andere Wesen für diese leeren Plätze, nämlich uns Menschen.

Gott teilte den Engeln mit, dass Er noch andere Wesen erschaffen werde, und dass ER selbst ein Mensch sein würde, und dass sie, die Engel Ihm dann genau so dienen müssten, wie derzeit im Himmel.

(Darin bestand die Prüfung der Engel! Im freien Willen mussten sie sich entscheiden. Im Grunde zwischen der DEMUT und dem STOLZ !)

Da Luzifer erkannte, dass die Menschen von niedriger Art sein würden, als die Engel, und Jesus ein solcher "Mensch" werden wollte, und die Engel Ihm, den Gott in Menschengestalt, dienen müssten, da empörte sich Luzifer (die schönste Schöpfung Gottes): NON SERVIAM = "Ich werde nicht dienen, ich bin ja selbst wie Gott!

Worauf ein anderer Engel reagierte und sagte:
"Wer ist wie Gott?!" = Mi-cha-el ?

Dann begann der Engelkampf, und Satan wurde mit seinem milliardenfachen Anhang aus dem Himmel vertrieben!

Das Ergebnis dieser Schlacht war, dass Luzifer und die Seinen aus dem Himmel gestürzt wurden.
Dann schuf Gott die Erde und die Menschen, es war ein Paradies.

Adam und Eva hatten alles was sie zum Leben brauchten und waren zufrieden, bis Luzifer in Gestalt einer Schlange auftauchte. Zu der gleichen Sünde, die er begangen hatte, dem Stolz und Hochmut, Gott gleich sein zu wollen, verführte er Eva und Adam.

Gott strafte sie dafür und warf sie aus dem Paradies und den Teufel auf die Erde.

Nun kehrte bei den Menschen Leid und Schmerz ein und dem Teufel gestattete er die Menschen zu verführen. Er hatte ihnen den freien Willen gegeben, denn er wollte freiwillig von ihnen geliebt werden. So hatten sie die Wahl zwischen Gott und Satan, Gut und Böse.

Gott erwählte sich sein Volk aus dem Hause Abrahams, dem 12 Stämme entwuchsen. Satan erwählte sich auch 12 Stämme, seine satanischen Blutlinien, der 13. Stamm, aus dem der Antichrist erstehen soll, waren die Khasaren, die ihre Wurzeln im alten Babylon hatten und sich den Glauben der Juden übergestülpt haben, aber in Wirklichkeit mit magischen Ritualen den Teufel anbeten. In ihrer Religion mischt sich die Anbetung Baals mit den altägyptischen Religionen, okkulte Symbole und Gegenstände spielen eine wichtige Rolle dabei.

Aus der Bibel kennen wir die Geschichte von den Stämmen Israels, aber von den satanischen Blutlinien wissen nur wenige Menschen etwas. Dass sie hinter den Kulissen bleiben war Jahrhunderte lang ihr Vorteil und so konnten sie ungehindert ihre Netze auswerfen und jeden Lebensbereich abdecken.

Satan verschafft seinen Anhängern alles was im Diesseits zählt: Geld, Macht und Einfluss.

Erhört Gott unsere Gebete?
 Darum sage ich euch: Alles, worum ihr betet und bittet - glaubt nur, dass ihr es schon erhalten habt, dann wird es euch zuteil. (Markus 11, 24)

Darum sage ich euch: Bittet, dann wird euch gegeben; sucht, dann werdet ihr finden; klopft an, dann wird euch geöffnet.
Denn wer bittet, der empfängt; wer sucht, der findet; und wer anklopft, dem wird geöffnet.

Oder ist unter euch ein Vater, der seinem Sohn eine Schlange gibt, wenn er um einen Fisch bittet,
oder einen Skorpion, wenn er um ein Ei bittet?
Wenn nun schon ihr, die ihr böse seid, euren Kindern gebt, was gut ist, wie viel mehr wird der Vater im Himmel den Heiligen Geist denen geben, die ihn bitten. (Lukas 11, 9-13)

Darin ist zunächst einmal ausgesagt, daß Gott unser Beten hört.

"Wenn du betest, geh in deine Kammer und schließ die Tür zu; dann bete zu deinem Vater, der im Verborgenen ist. Dein Vater, der auch das Verborgene sieht, wird es dir vergelten" (Mt 6,6).

Gott sieht und hört das Gebet im Verborgenen. Der Betende darf wissen, daß er nicht ins Leere hineinspricht, sondern von Gott gehört wird. - In gewisser Weise ist das bereits das größte Wunder.
Im Gebet die Nähe und Gegenwart des himmlischen Vaters erfahren: das ist die schönste Frucht des Gebets (und die Gabe des Heiligen Geistes: LK 11,13).

Das Bittgebet ist darüber hinaus aber auch objektiv wirksam.
Gott bindet gewisse Gaben an das Gebet.
Vieles gewährt er uns umsonst, ohne daß es den Anschein der Gabe hat -.
Aber gewisse Dinge will Gott nicht ohne unsere Beteiligung bewirken
Jesus: "Bittet, so wird euch gegeben" (LK 11,9).

Alles, was ihr im Gebet gläubig verlangt, das werdet ihr empfangen. (Mt 21,22)

Gott wirft seine Gaben nicht einfach hin, Gott drückt sie nicht in die geschlossene Faust, sondern gibt sie in die offene Hand. (Er drängt uns seine Hilfe nicht auf; wenn wir nicht nach ihm fragen und von ihm nichts wollen, dann lässt er uns nach eigener Facon selig werden).

Insofern ist das Gebet objektiv wirksam und nützlich:

Wir empfangen so viel - oder so wenig - wie wir erbitten.

Darum mahnt Christus zum unablässigen Gebet und darum kann der Jakobusbrief sagen: "Ihr erhaltet nichts, weil ihr nicht betet" (Jak 4,2).

Die Bitte des Menschen ist eine Macht und Kraft, die Gott selbst in seiner Heilsordnung vorgesehen hat.

Bei Augustinus steht der Satz:

"Die Kirche hätte keinen Paulus, wenn Stephanus nicht (für Saulus) gebetet hätte"........

Im Gebet gibt Gott uns Anteil an seiner Allmacht;

darum ist für das (ehrliche) Gebet "kein Ding unmöglich".

Die Erhörung in der nichterfüllten Bitte

Gottes Heilswille und Liebe ist unbedingt.

Er erhört in jedem Fall unser Gebet.

Die Frage ist nur: wie er es erhört.

Am Ölberg betet Jesus um Bewahrung vor dem Kelch des Leidens, er wünscht sich das Leben, die Rettung vor dem Tod.

Erhört der Vater diese Bitte des Sohnes? - Er lässt ihn doch den Weg des Leidens bis zum Tod am Kreuz gehen.

Ja, aber auf diesem Weg gelangt Jesus zum größeren Leben: zum verherrlichten Leben der Auferstehung und zum endgültigen Sieg über den Tod. Sein Leiden wird heilbringend für die Vielen sein.

So schenkt Gott "in seiner Barmherzigkeit unendlich viel mehr, als wir erbitten oder uns ausdenken können" (Eph. 3,20).

„Denn ich, ich kenne meine Pläne, die ich für euch habe -- Spruch des Herrn --, Pläne des Heils und nicht des Unheils; denn ich will euch eine Zukunft und eine Hoffnung geben." (Jer. 29: 11)

Der Mensch sollte die Bedeutung des göttlichen Schweigens verstehen und sich den Wegen des Herrn hingeben. Er sollte beten wie der Psalmist:

„Ich will dich rühmen, Herr, meine Stärke, Herr, du mein Fels, meine Burg, mein Retter, mein Gott, meine Feste, in der ich mich berge, mein Schild und sicheres Heil, meine Zuflucht." (Ps 18: 2)

Immer aber gilt das Wort (Edith Steins):

"Gott erfüllt nicht alle unsere Wünsche, aber alle seine Verheißungen."

Epilog:

Ein Pianist hat gesagt: "Wenn ich einen Tag lang nicht übe, merke ich es; wenn ich 2 Tage lang nicht übe, merkt es meine Umgebung; wenn ich 3 Tage lang nicht übe, merkt es mein Publikum."

Analog dazu lässt sich zum Beten sagen:
"Wenn ich einen Tag lang nicht bete, merkt Gott es. - Wenn ich 2 Tage nicht bete, merke ich es. - Wenn ich 3 Tage nicht bete, merkt es meine Umgebung......."

Warum beten

Wenn Du Gott kennst, hast Du einen Freund gefunden wie niemand sonst,
wenn Du beten kannst, hört Dich Gott und erhört Dein Bitten,
wenn Du Dich an Gott bindest, kann niemand mehr Dein Leben zerstören,
wenn Du Gott wirklich suchst, vergibt Er Dir alle Deine Verkehrtheiten,
wenn Du Gott findest, hast Du die Fülle Deines Lebens entdeckt.
Wenn Du zu Christus findest, hörst Du Gottes Wort, spürst Du Gottes Nähe und bist bei Gott daheim.

Vorbereitung zum Gebet

Herr ich kann nicht richtig beten. Ich bin schwach, ich bin menschlich, ich bin zerbrechlich. Ich bin zerstreut, verliere mich in Gedanken an mich selbst und an die Welt, aber Du, Herr, führst Du mich darüber hinaus. Hilf mir, richtig zu beten. Hilf mir, mich auf den Vater, den Sohn und Dich, Hl. Geist, auszurichten, dass meine Seele mich öffnen und die Gnade empfangen kann, die für alle Menschen im Gebet da ist. Alan Ames

Vorbereitung zum Gebet II

Herr, führe mich. Zeig mir wie ich richtig bete. Zeig mir, wie ich mit dem Herzen bete und meine Gebete so meine und wie ich Dir beim Beten in jedem Wort Liebe schenke. Alan Ames

Beten für die andern

Ich überschreite im Gebet immer wieder meinen eigenen Raum, um mich beim Beten den Anliegen anderer zuzuwenden. Alles, was mich über das Geschehen in der Welt und in der Kirche orientiert, erweitert auch das Blickfeld meiner Gebete.

Zu meiner gelegentlichen Besinnung gehört immer auch die Frage: Gab es in letzter Zeit Nachrichten, die mich zu einem Besonderen Gedenken im Gebet auffordern müssten?

Ich gewöhne mich daran, immer dort, wo ich gern Gespräch mit andern auf irgendeine Not aufmerksam werde, darüber auch ein paar Worte mit Gott zu reden.

Einzelne Probleme sind für mich ein dauerndes Anliegen, das ich immer wieder in mein Gebet einhole:
die Not der Dritten Welt, die Berufung für kirchliche
Dienste, die zeitgemäße Verkündigung des Evangeli-
ums, die Glaubensnot der Jugend. .

Die Kraft des Vater unser

Unter allen mündlichen Gebeten gibt es keines, das
heiliger, kräftiger und Gott wohlgefälliger ist als das
"Vater unser" und "Ave Maria." Das "Vater unser" ist
von Ewigkeit her von der göttlichen Weisheit selbst
geformt und in der Zeit hier auf Erden mit dem Mund
des menschgewordenen Gottessohnes ausgesprochen
werden. Was immer wir zur Ehre und Verherrlichung
Gottes und zu unserem eigenen Heil begehren können,
ist im "Vater unser" enthalten.

Es ist kein menschliches, sondern ein göttliches Gebet. Der gottselige Martin von Cochem sagt, der
himmlische Vater habe eine größere Freude daran,
wenn seine Kinder hier auf Erden das "Vater unser"
andächtig beten, als wenn die Engel des Himmels Ihm
mit ihren süßen Stimmen Loblieder singen.

Über die Erhabenheit des "Vater unser" schreibt
Thomas von Kempen: "Das Gebet des Herrn übertrifft
alle Gebete der Heiligen und überragt die Liebesan-
mutungen der begeisterten Seelen. Es begreift in sich
alle Aussprüche der Propheten und die honigfließen-
den Worte der Psalmen. Selig, wer alle Worte des
Herrn, die goldenen Worte des 'Vater unser' erwägt."

Johannes von Jerusalem

Wenn das Jahrtausend beginnt, das nach dem Jahrtausend kommt, wird es eine dunkle und geheime Ordnung geben.

Ihr Gesetz wird der Hass sein und ihre Waffe das Gift. Sie wird immer mehr Gold wollen und ihre Herrschaft über die Erde verbreiten und ihre Diener werden untereinander durch einen Kuss des Blutes verbunden sein. Die Gerechten und die Schwachen werden ihren Regeln gehorchen müssen. Die Mächtigen werden zu ihren Diensten sein, das einzige Gesetz wird sein, was sie im Schatten diktiert, sie wird das Gift bis in die Kirchen hinein verkaufen, und die Welt wandert mit dem Skorpion unter ihren Sohlen.(Strophe 19)

Wenn das Jahrtausend beginnt, das nach dem Jahrtausend kommt, wird die Erde an mehreren Stellen erbeben und die Städte werden untergehen. Alles was ohne Rat der Weisen gebaut wurde, wird bedroht und zerstört werden. Der Schlamm wird die Dörfer unter sich begraben und der Boden wird sich unter den Palästen öffnen. Der Mensch wird starrköpfig sein, denn er ist vom Stolz besessen. Er wird die Warnung nicht hören, die ihm die Erde immer wieder zuruft. Feuerbrünste werden die neuen Roms zerstören, Die Armen und Barbaren werden trotz der Legionen die verlassenen Reichtümer plündern (Strophe 22)

Wenn das Jahrtausend beginnt, das nach dem Jahrtausend kommt, wird die Sonne die Erde verbrennen. Die Luft wird nicht mehr vor dem Feuer schützen, sie wird nur noch ein löchriger Vorhang sein und das brennende Licht wird Haut und Augen verzehren… (Strophe 23)

Der Mensch wird jedes Lebewesen so gestalten, wie es ihm gefällt und er wird unzählige davon töten. Was wird aus dem Menschen werden, der die Gesetze des Lebens verändert hat, der aus einem lebenden Tier einen Lehmklumpen machte? Wird er das Ebenbild Gottes oder ein Kind des Teufels sein? (Strophe 25)

Johannes von Jerusalem hatte auch prophetische Blicke in die Neue Zeit:

Wenn das Jahrtausend, das nach dem Jahrtausend kommt, zu Ende geht, werden Menschen endlich die Augen geöffnet haben. Sie werden nicht mehr in Ihren Köpfen und in ihren Städten gefangen sein… Die Menschen werden einen einzigen großen Körper bilden, von dem jeder von ihnen ein winziger Teil ist und gemeinsam werden sie das Herz sein. (Strophe 31)

Wenn das Jahrtausend, das nach dem Jahrtausend kommt, zu Ende geht, wird der Mensch wissen, dass alle Lebewesen Träger des Lichts sind… Er wird keine Angst mehr haben vor dem eigenen Tod, denn er wird mehrere Leben in einem Leben gelebt haben und er wird wissen, dass das Licht niemals erlischt. (Strophe 40, Schluss Strophe)

Prophezeiungen von Pater Pio

1949:

»Mein Sohn, mein Sohn, ich habe mich gesehnt nach dieser Stunde, in der ich dir wieder die große Liebe meines Herzens offenbare. Bete zu mir. Ermahne andere dasselbe zu tun, denn die Zeit ist nahe, wo ich meine ungläubigen Menschen besuche, die die Zeit der Gnade verachteten. Verharre im Gebet, so daß deine Widersacher keine Gewalt über dich bekommen. Sag meinen Leuten, sie sollen vorbereitet sein alle Zeit, weil mein Gericht plötzlich über sie kommen wird, wenn sie es nicht erwarten - und niemand wird mir entrinnen, ich werde sie alle finden! Ich werde die Gerechten schützen. Achte auf die Sonne und den Mond und die Sterne am Himmel. Wenn sie unruhig und ruhelos erscheinen und sich seltsam bewegen, weißt du, daß der Tag nicht mehr fern ist. Bleibt stark im Gebet und wachet bis der Engel der Zerstörung eure Türen passiert hat. Betet, daß diese Tage abgekürzt werden. «

23. 1. 1950:

»Bete! Kehre um! Große Dinge stehen auf dem Spiele! Bete! Menschen rennen in den Abgrund der Hölle mit großer Lust und Vergnügtheit, als wenn sie zu einem Maskenball gehen oder zu einem Hochzeitsfest des Teufels selbst! Unterstütze mich bei der Rettung der Seelen. Das Maß der Sünden ist voll! Der Tag der Rache, mit seinen erschreckenden Ereignissen ist nahe — näher, als du dir vorstellst! Und die Welt wiegt sich in falscher Sicherheit! Das göttliche Gericht wird einschlagen wie ein Blitzschlag! Diese gottlosen und bösen Menschen werden zerstört werden ohne Gnade, gegen das die Bestrafung der Leute von Sodom und Gomorra nichts sein wird. Ja, ich sage dir, ihre Bosheit war beim Menschengeschlecht nie so groß wie heute! «

28. 1. 1950:
»Haltet eure Fenster geschlossen. Seht nicht hinaus. Brennt eine gesegnete Kerze an, sie wird für viele Tage reichen. Betet den Rosenkranz. Lest geistige Bücher. Macht geistige Kommunion und Taten der Liebe, welche uns erfreuen. Betet mit ausgestreckten Armen oder werft euch zu Boden, damit vielleicht viele Seelen gerettet werden. Geht nicht aus dem Haus. Versorgt euch mit ausreichend Essen. Die Kräfte der Natur werden im Gange sein und ein Feuerregen wird die Leute zittern lassen vor Angst. Habt Mut! Ich bin mitten unter euch. «

7. 2. 1950:
»Gebt Acht auf die Tiere in diesen Tagen. Ich bin der Schöpfer und Beschützer der Tiere als auch der Menschen. Ich werde euch vorher einige Zeichen geben, zu welcher Zeit ihr mehr Futter für sie unterbringen sollt. Ich werde das Eigentum der Auserwählten beschützen, inklusive die Tiere. Lasse niemanden auf den Hof, wer rausgeht und die Tiere füttert, wird sterben! Bedeckt eure Fenster sorgfältig. Meine Auserwählten sollen meinen Zorn nicht sehen. Habt Vertrauen zu mir und ich werde euer Schutz sein.

Hurrikane des Feuers werden ausströmen aus den Wolken und sich über die ganze Erde verbreiten! Stürme, Unwetter, Blitze und Erdbeben werden die Erde bedecken für zwei Tage. Ein ununterbrochener

Feuerregen wird niedergehen! Es wird beginnen während einer sehr kalten Nacht. All das ist der Beweis, daß Gott der Herr der Schöpfung ist. Die, die auf mich hoffen und meinen Worten glauben, haben nichts zu befürchten, weil ich sie nicht im Stich lassen werde, auch die nicht, die meine Botschaft verbreiten.

Damit ihr vorbereitet seid auf diese Heimsuchungen, werde ich euch die folgenden Zeichen und Anweisungen geben: Die Nacht wird sehr kalt sein. Der Wind wird heulen. Nach einiger Zeit wird man Blitze hören. Schließt alle Türen und Fenster. Sprecht mit niemandem außerhalb des Hauses. Kniet nieder vor einem Kreuz, bereut eure Sünden und bittet meine Mutter um Schutz. Seht nicht heraus während des Erdbebens, weil der Ärger Gottes heilig ist!

Diejenigen, die diesen Rat nicht beachten, werden augenblicklich getötet. Der Wind wird die Giftgase über die ganze Erde verteilen. Die, die leiden und unschuldig sterben, werden Märtyrer sein und sie werden mit mir in mein Himmelreich einziehen. Satan wird triumphieren! Aber in drei Nächten werden das Erdbeben und das Feuer aufhören. Am folgenden Tag wird die Sonne wieder scheinen, Engel werden vom Himmel herabsteigen und den Geist des Friedens über die Erde verbreiten. Ein Gefühl von unermesslicher Dankbarkeit wird die ergreifen, die diese schreckliche Prüfung überlebten.

Ich habe auch Seelen aus anderen Ländern gewählt, die diese Offenbarung erhalten haben, wie Belgien, Schweiz, Spanien, so daß diese Länder auch vorbereitet sind. Betet den Rosenkranz, aber betet ihn gut, so daß eure Gebete den Himmel erreichen. Bald wird eine schreckliche Katastrophe über die ganze Erde kommen, wie sie niemals zuvor bezeugt worden ist, eine furchtbare Züchtigung wie nie zuvor!

Wie sorglos die Menschen sind wegen dieser Dinge! Diese werden so bald über sie kommen, gegen alle Erwartungen. Wie gleichgültig sie sind in Vorbereitung auf diese Ereignisse, durch die sie bald hindurch müssen! Das Gewicht von Gottes Waage hat die Erde erreicht! Der Zorn meines Vaters wird über der ganzen Welt ausgeschüttet werden. Ich warne die Welt wieder durch eure Mitwirkung, wie ich es bis jetzt schon so oft getan habe.

Diese Katastrophe wird über die Erde kommen wie ein Blitz! In diesem Moment wird das Licht der Morgensonne ersetzt werden durch schwarze Dunkelheit! Niemand soll das Haus verlassen oder aus dem Fenster sehen von diesem Moment an. Ich selbst werde kommen mitten in Blitz und Donner. Die Bösen sollen mein göttliches Herz erblicken. Es wird eine große Verwirrung sein, wegen dieser totalen Dunkelheit, die die ganze Erde umzieht und viele, viele werden sterben aus Furcht und Verzweiflung.

An diesem Tagen der Finsternis soll niemand das Haus verlassen oder aus dem Fenster sehen. Die Dunkelheit wird einen Tag dauern und eine Nacht, gefolgt von einem weiteren Tag und einer Nacht und noch einem Tag; aber in der folgenden Nacht werden die Sterne wieder scheinen und am nächsten Morgen wird die Sonne wieder aufgehen und es wird Frühling sein!! An den Tagen der Dunkelheit sollen meine

Auserwählten nicht schlafen. Sie sollen unaufhörlich beten und sollen nicht von mir enttäuscht sein. Ich werde meine Auserwählten sammeln. Die Hölle wird glauben, die ganze Erde zu besitzen, aber ich werde sie bändigen.

Wieder und wieder habe ich die Menschen gewarnt und oft gab ich ihnen günstige Gelegenheiten, zum richtigen Weg zurückzukehren; aber jetzt hat die Bosheit ihren Höhepunkt erreicht und die Strafe kann nicht länger zurückgehalten werden. Sagt allen, daß die Zeit gekommen ist, in der sich diese Dinge erfüllen werden. «

1968
Unerschütterlich an der Tradition festhalten, an den Lehren der Kirche seit ihren Ursprüngen: das ist die einzige Garantie für eine Zukunft voll der Hoffnung in das Gute. Nicht so ist es aber in unseren Tagen, in denen größte „Finsternis" herrscht wegen dieser ständigen Suche nach „Neuem" und „Anderem"…

Diese Ermahnung von Pater Pio an eine seiner geistlichen Töchter macht schnell die Runde in San Giovanni Rotonde. Man schrieb das Jahr 1968, es war das letzte Lebensjahr von Pater Pio, der am 23. September 1968 starb. Die geistliche Tochter hatte sich unmittelbar nach der Beichte vor Pater Pio niedergekniet und Pater Pio, der zwei oder drei Mal kraftvoll die Hand auf ihren Kopf legte, sagte zu ihr mit fast lauter Stimme (es hörten verschiedene Personen):

„Nicht vergessen, meine Tochter, Standfestigkeit und Beharrlichkeit im Glauben unserer Väter" und wiederholte noch einmal mit Nachdruck: „Im Glauben unserer Väter!"

Pater Pio, antwortete 1956 und 1961 auf die an ihn gerichtete Fragen:

Padre, was für Zeiten gehen wir entgegen? „Das Christentum ist daran, alt zu werden, und Gott erlaubt es, zur Strafe der Völker."

Padre, wie betrachten Sie diese unsere Zeit? „Das ist die Zeit des Ungewitters!"

Was soll das bedeuten? „Das ist die Epoche der Zerstörung aller Werte."

In der Karwoche 1965 rief Pater Pio mehrmals laut aus: „Helft mir beten, ich kann nicht mehr weiter! Ihr wisst nicht, welch schreckliche Zeiten euch bevorstehen! Glücklich alle, die gestorben sind!"

Noch nie hatte er so gelitten wie jetzt. Einmal, im Juli 1965, rief er aus: „Lieber Gott, lasse mich sterben!" „Schlaft jetzt nicht, stellt alle privaten Angelegenheiten zur Seite, da die Menschheit im Sterben liegt!" „Ich kann das Schreckliche nicht mehr abwenden, da es eine direkte Züchtigung Gottes ist - und sie wird kommen!"

Er war Empfänger der nachfolgend wiedergegebenen Mahnworte Jesu

(die mit vielen anderen Botschaften übereinstimmen):

„Aus den Wolken werden Orkane von Feuerströmen sich über die Erde verbreiten. Sturm und Unwetter, Donnerschläge und Erdbeben werden einander folgen, unaufhörlich wird der Feuerregen niedergehen. Der Wind wird Gift und Gas mit sich führen, das sich auf der ganzen Erde ausbreitet. Damit ihr euch auf das Ereignis vorbereiten könnt, gebe ich euch folgendes Zeichen: Die Nacht ist sehr kalt, der Wind braust, und nach einiger Zeit wird der Donner einsetzen. Dann versperrt alle Türen und Fenster und sprecht mit niemand außerhalb des Hauses. Kniet euch nieder vor dem Kreuz und bereut eure Sünden. Bittet meine Mutter um ihren Schutz. Während die Erde bebt, schaut nicht hinaus, denn der Zorn meines Vaters ist heilig. In der dritten Nacht werden Erdbeben und Feuer aufhören, und am folgenden Tag wird die Sonne wieder scheinen. Die Engel werden vom Himmel steigen und den Geist des Friedens über die Erde bringen."

Im Jahr darauf urteilte Pater Pio über die heutige Lage: „Ideenverwirrung und Vorherrschaft der Diebe." über die Überschwemmung von Florenz sagte er: „Es sind Gottesgerichte. Selig, wer dies versteht!" „Unsere Kinder werden nicht genug Tränen haben, die Sünden ihrer Väter zu beweinen."

Pater Pio

„Mit diesen Regierungen wird alles zugrunde gerichtet werden!" „Auch Italien wird einen Kommunistenschreck erleben... Die rote Fahne im Vatikan (Elena

Leonardi schaut die russische Fahne auf der Peterskuppel)... Doch, das wird vorübergehen."

Padre, werden auch wir die Kommunisten an der Macht haben? „Sie werden sie überraschend erreichen ... ohne Schwertstreich ... Wir werden sie über Nacht an der Macht sehen."

Der Franziskanergeneral ging 1966, bevor er das Kapitel zur Erneuerung der Konstitution besuchte, zu Pater Pio, um Gebet und Segen von ihm zu erbitten. Er traf Pater Pio im Klosterkreuzgang von San Giovanni Rotondo: Padre, ich möchte zu Ihnen kommen, um unser Spezialkapitel für die neuen Konstitutionen zu empfehlen... Bei den Worten: „Spezialkapitel" und „Neue Konstitutionen" reagierte Pater Pio heftig und sprach: „Alles Geschwätz und Verderben..." Aber Padre., die neue Generation ... die Jungen, wie sie heute aufwachsen ... die Bedürfnisse haben sich geändert. „.... Ohne Kopf und Herz. Das fehlt: Gehirn und Liebe." Dann ging Pater Pio bis zur Zelle, wandte sich um und sprach mit erhobenem Finger: „Entarten wir nicht, entarten wir nicht. Beim Gerichte Gottes wird uns der heilige Franziskus nicht mehr als seine Söhne und Töchter anerkennen."

1967 besprachen einmal einige Mitbrüder in Gegenwart des Generaldefinitors Ordensprobleme, da nahm der Pater eine ganz ungewohnte Haltung an, blickte in die Ferne und sprach: „Aber, was tut ihr denn in Rom...? Was braut ihr da zusammen...? Wollt ihr gar die Regel des heiligen Franziskus ändern...?" Der Pater Definitor wandte ein: Padre, es werden diese Änderungen vorgenommen, weil die Jungen nichts mehr wissen wollen von einer Tonsur, von einem Ordenskleid, von nackten Füßen... „Jagt sie fort, jagt sie fort...! Glauben denn diese, sie würden dem heiligen Franziskus einen Dienst erweisen, wenn sie sein Kleid und seine Lebensform nehmen, oder ist es nicht vielmehr der heilige Franziskus, der ihnen ein Geschenk macht?!" Aus „Edizioni Casa sollievo della sofferenza", mitgeteilt

Pater Pio

Pater Pio sagte einmal offen und klar, daß die große, schreckliche Katastrophe kommen wird. Es ist heute wie zur Zeit Noes: zunehmende Glaubenslosigkeit, moralischer Verfall, weltweiter Abfall von Gott. Man soll einen dreimonatigen Bedarf an Lebensmittelkonserven und viel Mineralwasser lagern. Überleben wird nur, wer vorsorgt! Pater Pio sagte einmal: „Es wird Feuer vom Himmel regnen. Dabei wird die Erde gereinigt werden. Die Bösen werden bestraft und vernichtet, und die Guten werden verschont bleiben."

Eine prophetische Vision von Pater Pio am 7. April 1913

Am Freitagmorgen war ich noch im Bett, als mir Jesus erschien. Er war völlig entstellt und mitgenommen. Er zeigte mir eine große Zahl von Ordens- und Weltpriestern, unter ihnen hohe kirchliche Würdenträger.

Ein Teil zelebrierte, ein Teil weigerte sich und ein anderer Teil legte die heiligen Gewänder ab.

Der Anblick Jesu im Seinem Leiden betrübte mich sehr, weshalb ich Ihn nach dem Grund Seines Leidens fragen wollte. Ich erhielt keine Antwort. Sein Blick richtete sich jedoch erneut auf jene Priester. Doch kurz darauf wandte Er geradezu entsetzt Seinen Blick ab und richtete ihn zu meinem großen Entsetzen auf mich. Ich sah zwei große Tränen, die über Seine Wangen flossen.

Er entfernte sich von den betrübenden Priestern mit einem Ausdruck der Abscheu auf seinem Gesicht und rief: „Metzger!".

An mich gewandt sagte er: „Mein Sohn, glaube nicht, mein Todesleiden dauerte drei Stunden, nein; ich werde wegen der von mir besonders begünstigten Seelen bis zum Ende der Welt im Todesleiden sein. Während der Zeit meiner Agonie, mein Sohn, soll man nicht schlafen.

Meine Seele ist auf der Suche nach einem Tropfen menschlicher Ehrfurcht und des Mitleids, aber sie lassen mich allein in ihrer Gleichgültigkeit.

Der Undank und der Schlaf meiner Priester verstärken meine Agonie.

Wie schlecht erwidern sie doch meine Liebe! Was mich am meisten betrübt ist, dass sie zu ihrer Gleichgültigkeit noch ihre Verachtung und ihre Ungläubigkeit hinzufügen.

Wie viele Male war ich drauf und dran sie dahinzuraffen, wäre ich nicht durch die Engel und die mich liebenden Seelen zurückgehalten worden … Schreib

Deinem [Beicht]Vater und berichte ihm, was Du an diesem Morgen von mir gesehen und gehört hast.

Sag ihm, er soll Dein Schreiben dem Vater Provinzial zeigen …"

Jesus fügte noch anderes hinzu, aber das, was Er sagte, werde ich nie irgendeinem Geschöpf in dieser Welt enthüllen können. Diese Erscheinung verursachte mir solche Schmerzen im Körper, aber mehr noch in der Seele, daß ich den ganzen Tag liegenbleiben musste und gedacht hätte, sterben zu müssen, wenn der süßeste Jesus mir nicht bereits enthüllt hätte … Jesus hat leider recht, über unsere Undankbarkeit zu klagen!

Wie viele Unglückselige unserer Brüder entsprechen nicht der Liebe Jesu, indem sie sich mit offenen Armen der infamen Sekte der Freimaurerei anschließen!"

Beten wir für sie, auf daß der Herr ihren Geist erleuchte und ihre Herzen anrühre.

Macht unserem Vater Provinzial Mut, der kräftigen himmlischen Beistand vom Herrn erhalten wird. Das Wohl unserer Mutter Provinz muss sein ständiges Bestreben sein.

Dem müssen alle seine Anstrengungen gelten. Auf dieses Ziel müssen unsere Gebete ausgerichtet sein, zu dem sind wir alle angehalten. In der Neuordnung der Provinz wird es dem Provinzial nicht an Schwierigkeiten mangeln, an Ungemach und Anstrengungen.

Er hüte sich jedoch davor, zu verzagen. Der mitleidende Jesus wird ihn in seinem Unternehmen unterstützen. Der Krieg dieser Kosaken wird immer intensiver, aber ich werde sie mit der Hilfe Gottes nicht fürchten.

Quelle: Epist. I, 350, in Padre Pio da Pietrelcina: Epistolario I,
hrsg. von Melchiorre da Pobladura und Alessandro da Ripabottoni,
San Giovanni Rotondo 2004, S. 64.

Die Prophezeiungen des heiligen Nilus über das 20. Jahrhundert

Heiliger und Kirchenvater † 430)

Der um das Jahr 390 auf dem Sinai lebende heilige Nilus, zuvor Präfekt von Konstantinopel, ein Freund des hl. Chrysostomus, hatte folgende Vorausschau über unsere Zeit:

• Intelligenz durch fleischliche Leidenschaften verdunkelt
• Frauen von Männern nicht zu unterscheiden
• Ohne Moral: Ehebruch, Homosexualität, Sabotageakte...
• Keine frommen Hirten mehr - die Treuen ziehen sich zurück
• Durch den Antichristen kommt der Höhepunkt des Abfalls
• Die technischen Errungenschaften überbieten alles Bisherige

• Die Überheblichkeit des Menschen führt zur Gottlosigkeit

Intelligenz durch fleischliche Leidenschaften verdunkelt

Gegen die Mitte des 20. Jahrhunderts, wenn die Zeit der Ankunft des Antichrists nahe ist, wird die Intelligenz der Menschen durch fleischliche Leidenschaften verdunkelt sein. Die Abweichung von den Geboten Gottes und die Abwertung seiner menschlichen Würde werden den Menschen jener Epoche kennzeichnen.

Frauen von Männern nicht zu unterscheiden
Die Leute werden ihr Äußeres ändern. Es wird unmöglich sein, die Frauen von den Männern zu unterscheiden wegen ihrer Frechheit in der Bekleidung und in der Haarmode. Diese Leute werden grausam sein wie wilde Tiere nach dem Auftreten des Antichrists, dessen Versuchungen sie erliegen.
Zerfall familiärer und kirchlicher Autorität
Man wird die Eltern und die älteren Leute nicht mehr respektieren. Die Liebe wird verschwinden. Die christlichen Hirten, Bischöfe und Priester werden nutzlose Menschen sein, ganz unfähig, den rechten vom falschen Weg zu unterscheiden.

Ohne Moral: Ehebruch, Homosexualität, Sabotageakte...
Zu jener Zeit werden sich die moralischen Gesetze und Traditionen der Christen ändern. Die Leute kennen keine Bescheidenheit mehr; hingegen werden die Völlerei und die Habsucht zunehmen.

Weh denen, die Geld in ihren Tresoren zusammen-
scharren! Luxus, Ehebruch, Homosexualität, Sabotageakte und Totschlag nehmen überhand.

In jener Zeit werden die Menschen wegen der
Schlemmerei und der Übermacht der großen Verbre-
chen die Gnade des Heiligen Geistes, die sie bei der
Taufe empfangen haben, verlieren. Sie werden auch
keine Gewissensbisse mehr haben...

Keine frommen Hirten mehr - die Treuen ziehen sich zurück

Die Kirchen werden keine frommen Hirten mehr haben, die Gott fürchten. Wehe den Christen, die zu
jener Zeit auf Erden sind! Sie werden den Glauben
verlieren, denn es gibt niemanden mehr, der ihnen das
Licht der Wahrheit zeigt.

Die wenigen Getreuen werden sich von der Welt dis-
tanzieren und an heiligen Zufluchtsorten zusammen-
treffen, um ihre geistigen Leiden zu lindern. Aber
überall werden sie nur auf Hindernisse Stoßen.

Durch den Antichristen kommt der Höhepunkt des Abfalls

All dies kommt daher, weil der Antichrist Herr über
alles sein will wie auch Meister des ganzen Univer-
sums. Er wird Wunder vollbringen und unwahrschein-
liche Zeichen. Er wird auch einem armen Mann eine
verdorbene Weisheit geben ... (Wahrscheinlich ist hier
das Geheimnis der für die Menschheit katastrophalen
Zerstörungsmittel angedeutet.)

Die technischen Errungenschaften überbieten alles Bisherige

Ein Mensch wird mit der andern Konversation führen können von einem Ende der Welt zum andern.

In jener Zeit werden die Menschen in der Luft fliegen wie Vögel und in die Ozeane hinabtauchen wie die Fische.

Die Überheblichkeit des Menschen führt zur Gottlosigkeit

Wenn die Menschen dort angelangt sind, werden diese Armen (d. h. in ihrer Überheblichkeit Verblendeten) ihr Leben in Bequemlichkeit verbringen, ohne zu wissen, dass dies eine Hinterlist Satans ist. Dieser wird ihr Gewissen mit Großtuerei soweit füllen, dass sie vom richtigen Weg abkommen. Ja, er wird sie so weit bringen, dass sie den Glauben an den Dreifaltigen Gott, ja selbst den Glauben an die Existenz Gottes verlieren...

(Aus dem Französischen übersetzt nach den Veröffentlichungen von DIFFUSION DE LA FIN DES TEMPS, F-35370 Argentré-du-Plessis)

Lieber Gott ich danke dir,
denn du bist so gut zu mir,

Gibst mir Eltern die mich nähren,
die mich lieben, die mich belehren,

Blumen Tiere, Mond und Sterne
alles was ich mag so gerne,

alles, alles kommt von dir,
lieber Gott ich danke dir.

Worte der Weisheit

„Liebe sieht nicht mit den Augen, sondern mit dem Herzen." William Shakespeare, Schriftsteller und Dichter

Wahre Liebe, liebt nicht mit den Augen, sondern mit den Augen des Herzens. So die Worte des berühmten Dichters.
Wenn Sie jemand liebt, muss es nicht unbedingt äußere Anzeichen für seine Liebe geben. Die betreffende Person kann schlichtweg schüchtern oder introvertiert sein.

Deshalb ist es so wichtig, mit dem Herzen zu sehen und Liebe unabhängig von Gesten wahrzunehmen.

Worte der Weisheit
Alles, was an einem anderen Tag getan werden kann, kann auch heute getan werden!

Schlingen Sie oft Ihr Essen herunter, während Sie mit etwas ganz anderem beschäftigt sind? Zum Beispiel vor dem Fernseher oder während Ihr mit Ihrem Smartphone herumspielen? Sie wissen sicher, dass dies keine gute Angewohnheit ist... Erfahren Sie jetzt, wie Sie Ihr Essverhalten ändern können.

Der Speichel – Ihr Verbündeter

Mein alter taoistischer Freund pflegte zu sagen:

„Man muss lernen, sein Trinken zu kauen und sein Essen zu trinken.
Wozu sonst gibt es Speichel?"

Er war fest davon überzeugt, dass man durch langes Kauen nicht nur die „Materie spiritualisieren" kann, sondern dass langes Kauen zudem die beste Diät der Welt ist – ganz ohne Hungern!

Probieren Sie es selbst aus: Kauen Sie jeden Bissen vor dem Herunterschlucken lange und ausgiebig – Sie werden erstaunt sein, wie viel es bewirken kann!
Wasser als Lebenselixier

Doch sich ausreichend Zeit zu nehmen, um in Ruhe zu essen, reicht nicht aus. Sie sollten unbedingt darauf achten, dass Sie ausreichend Wasser zu sich nehmen, um Ihren Körper mit Flüssigkeit zu versorgen, Giftstoffe auszuspülen und den Wasserverlust durch Atmung und Schwitzen auszugleichen. Nur ein Körper, der mit ausreichend Wasser versorgt ist, kann gut funktionieren.

Wenn Sie weniger als einen Liter am Tag trinken, sollten Sie Ihre Trinkmenge unbedingt erhöhen! Im Allgemeinen empfiehlt man eine tägliche Trinkmenge zwischen 1,5 und 2 Liter.

Guter Schlaf

Gute Ernährung und ausreichend Bewegung sind ebenso wichtig wie Schlaf, der Ihr inneres Gleichgewicht wiederherstellt. Vielleicht halten Sie Ihre Sorgen vom Schlafen ab?

Sollte dem so sein, kann ein lilafarbener Lappen zwischen Ihrem Kopfkissen und dem Kopfkissenbezug

Abhilfe schaffen. Schon nach wenigen Tagen dürften Sie wieder ruhig schlafen.

Sorgen, Rastlosigkeit, Stress... Zahlreiche Studien belegen, dass wir immer weniger lachen. Wie oft haben Sie heute gelacht oder gelächelt? Können Sie sich erinnern, wann Sie das letzte Mal richtig gelacht haben? Allein der Gedanke daran zaubert ein Lächeln auf Ihre Lieben, nicht wahr?
Nehmen Sie das Leben mit einem Lächeln

Jeden Tag bieten sich uns zahlreiche Gelegenheiten, die zum Lächeln oder Lachen einladen. Doch da wir meist viel um die Ohren haben oder uns Sorgen und Nöte plagen, ergreifen wir diese Gelegenheiten oft nicht beim Schopf oder nehmen sie erst gar nicht wahr!

Die Fähigkeit zu lachen unterscheidet uns Menschen vom Tier. Trotzdem sind wir oft weniger lustig als viele Tiere!

Dabei können wir mit einem Lächeln so viel Gutes bewirken! Schon Frank Irving Fletcher erkannte:

Es kostet nichts und bringt so viel ein. Es bereichert den Empfänger, ohne den Geber ärmer zu machen.

Lachen im Alltag

Es gibt so viele Gründe, im Alltag zu lachen oder zu lächeln. Hier die 3 wichtigsten Gründe:

Lachen oder lächeln Sie über kleinere Katastrophen im Vergleich zu wirklichen Schicksalsschlägen, über die uns täglich die Medien berichten (Krieg, Elend, Hunger…).

Geben und nehmen Sie mit einem Lächeln, denn es gibt nichts Schöneres als Gegenseitigkeit, ganz gleich ob mit Nahestehenden oder Fremden. Geben bereitet ebenso viel Freude wie beschenkt zu werden.

Verpassen Sie keine Gelegenheit, ein gutes Wort zu sagen, einen Scherz zu machen oder eine lustige Geschichte zu erzählen, denn wir brauchen eine große Portion Leichtigkeit, um uns den Proben stellen zu können, vor die uns das Schicksal stellt.

Lachen und seine wohltuende Wirkung

Eine Minute Lachen vermag ebenso viel zu bewirken wie 45 Minuten Entspannung. Daher sollten Sie Lachen ernst nehmen, denn Sie tun Ihrem Körper und Geist damit Gutes.

Was Lachen alles bewirken kann:

Es verbannt Stress.
Es macht Sie glücklich.
Sie können besser schlafen.
Es stärkt Ihr Immunsystem.
Es hält jung.

Zögern Sie daher nicht länger! Lachen Sie so viel Sie können, aber mindestens 10 bis 15 Minuten am Tag!

In diesem Artikel möchte ich Ihnen Mantras vorstellen, die auf große tibetische Denker zurückgehen. Sie wurden mir bei einer eindrucksvollen Einweihungssitzung übermittelt. Ich werde sie nach und nach in Sanskrit, einer traditionellen religiösen und symbolischen Sprache, in Tibetisch, aber auch in Ihrer Sprache auf meinem Blog vorstellen, damit Sie den Sinn verstehen.

Ein Mantra ist ein magischer Satz

Was steckt hinter dem geheimnisvollen Wort „Mantra"? Hier die genaue Definition, die mir tibetische Meister mit auf den Weg gegeben haben:

Mantras sind magische Sätze bestehend aus einzelnen Worten mit heiligem Inhalt, tiefgehendem Sinn und mystischem Klang, die es demjenigen ermöglichen, der sie ausspricht, vollkommenes Glück zu erreichen.

Um ein Mantra auszusprechen, sollte man sich an einen ruhigen Ort fernab von der Welt und Lärm und vor allen Dingen ohne Handy und Telefon zurückziehen...

...Padre, bitte sage deinen Schützlingen, dass sie – bevor sie ein Mantra aussprechen – eine bequeme Position einnehmen, bewusst atmen und ihren Geist von jeglichen negativen Gedanken frei machen sollen.

Nun wissen Sie alles, was Sie über Mantras wissen müssen. Wenn Sie sie aus tiefstem Glauben heraus aussprechen, können Sie schon bald auf

Erfolg,
Glück,
Liebe
und Reichtum hoffen ...

Sprechen Sie für baldigen Erfolg folgenden magischen Satz aus:

Wie er ausgesprochen wird?

Min Drol Yon Ten Gye Kyi Dag Nyid Che

Was das bedeutet?

Große Inkarnation der acht Fähigkeiten, beschere mir überwältigenden Erfolg!

Die acht Fähigkeiten, um die es in diesem Mantra geht, sind die Fähigkeiten, die man beim Yoga erlangt:

Agima: „Eine kleinere Form annehmen oder den Körper in winzige Atome zerlegen."
Laghima: „So leicht werden wie eine Feder."
Mahima: „Groß werden"
Prapti: „Höhere Wahrnehmung und Fähigkeit, alles zu bekommen, was machen möchte."
Prakamya: „Alles erlangen"
Vasitva: „Unerschütterlicher Willen"

isitva: „Göttliche Vormacht"

Kamavasayita: „Die Fähigkeit, andere in den Bann zu ziehen."

Durch dieses Mantra können Sie Niederlagen aus der Vergangenheit kompensieren. Je größer die Enttäuschung, umso größer wird nun der Erfolg ausfallen.

Wenn Sie diesen magischen Satz für Erfolg eine Woche lang jeden Morgen direkt nach dem Aufwachen aussprechen, kann dieser in Ihrem Leben seine Wirkung entfalten und Ihren Projekten zu wunderbaren Erfolgen verhelfen.

GOTT, du bist der der mich bewacht

drum schütze mich auch diese Nacht.

Du sorgst für alle, Groß und Klein,
drum schlaf 'ich ohne Sorgen ein.

Müde bin ich, geh zur Ruh,
schließe beide Augen zu.

Vater, lass die Augen dein
über meinem Bette sein.

Hab ich Unrecht heut getan,
sieh es, lieber Gott, nicht an.

Deine Gnad und Jesu Blut
macht ja allen Schaden gut.

Alle, die mir sind verwandt,
Gott, lass ruhen in deiner Hand.

Alle Menschen, Groß und Klein,
sollen dir befohlen sein.

Amen

Glaube fest an Gott den Herrn

Glaube an SEIN Walten!
Niemals ist es unmodern,
sich an Gott zu halten.

Mit Gott als Begleiter
verirrst Du Dich nicht,
denn ER ist der Streiter
für Wahrheit und Licht!

IHM sollst Du vertrauen
und seinem Gebot;
auf IHN kannst Du bauen
in jeglicher Not.

Lieber Gott, ich bin noch klein,

kann so vieles nicht allein,

drum lass Menschen sein auf Erden,
die mir helfen groß zu werden,

die mich nähren, die mich kleiden,
die mich führen, die mich leiten,

die mich trösten, wenn ich weine.
Lieber Gott, und dieses Eine:

Wenn ich es mal schlimm getrieben,
mach, dass sie mich trotzdem lieben!

Wer hat die Sonne denn gemacht,
den Mond und all die Sterne?
Wer hat den Baum hervorgebracht,
die Blumen nah und ferne?

Wer schuf die Tiere Groß und Klein?
Wer gab mir auch das Leben?
Das tat der liebe Gott allein.
Drum will ich dank ihm geben.

O Gott von dem wir alles haben,
wir preisen Dich für Deine Gaben.

Du speisest uns weil Du uns liebst,
drum segne auch was Du uns gibst.

Lieber Gott ich danke dir,
denn du bist so gut zu mir,

Gibst mir Eltern die mich nähren,
die mich lieben, die mich belehren,

Blumen Tiere, Mond und Sterne
alles was ich mag so gerne,

alles, alles kommt von dir,
lieber Gott ich danke dir.

Wenn die Kinder schlafen ein,
wachen auf die Sterne
und es steigen Engelein
nieder aus der Ferne,
halten wohl die ganze Nacht
bei den kleinen Kindern Wacht.

Gott Du hast mich heut bewacht,
beschütze mich auch diese Nacht.

Du sorgst für alle, Groß und Klein,
drum schlaf' ich auch jetzt ganz schnell ein.

Die Eltern:
Die Schnecke hat ihr Haus,
das Fellchen hat die Maus,
der Sperling hat die Federn fein,
der Falter seine Flegeleien.
Nun sage mir, was hast denn du?

Das Kind:
Ich habe Kleider und auch Schuh,
Vater, Mutter, Lust und Leben,
das hat mir der liebe Gott gegeben.

Amen!

In Gottes Namen steh' ich auf,
Herr lenke meinen Lebenslauf.

Begleite mich mit Deinem SEGEN,
behüte mich auf allen Wegen.

GOTT, du bist der, der mich bewacht,
drum schütze mich auch diese Nacht.

Du sorgst für alle, Groß und Klein,
drum schlaf 'ich ohne Sorgen ein.

Müde bin ich, geh zur Ruh,

schließe beide Augen zu.

Vater, lass die Augen dein
über meinem Bette sein.

Hab ich Unrecht heut getan,
sieh es, lieber Gott, nicht an.

Deine Gnad und Jesu Blut
macht ja allen Schaden gut.

Alle, die mir sind verwandt,
Gott, lass ruhen in deiner Hand.

Alle Menschen, Groß und Klein,
sollen dir befohlen sein.

Amen

Glaube fest an Gott den Herrn

Glaube an SEIN Walten!
Niemals ist es unmodern,
sich an Gott zu halten.

Mit Gott als Begleiter
verirrst Du Dich nicht,
denn ER ist der Streiter
für Wahrheit und Licht!

IHM sollst Du vertrauen
und seinem Gebot;
auf IHN kannst Du bauen
in jeglicher Not.

Lieber Gott, ich bin noch klein,
kann so vieles nicht allein,

drum lass Menschen sein auf Erden,
die mir helfen groß zu werden,

die mich nähren, die mich kleiden,
die mich führen, die mich leiten,

die mich trösten, wenn ich weine.
Lieber Gott, und dieses Eine:

Wenn ich es mal schlimm getrieben,
mach, dass sie mich trotzdem lieben!

Wer hat die Sonne denn gemacht,
den Mond und all die Sterne?
Wer hat den Baum hervorgebracht,
die Blumen nah und ferne?

Wer schuf die Tiere Groß und Klein?
Wer gab mir auch das Leben?
Das tat der liebe Gott allein.
Drum will ich dank ihm geben.

O Gott von dem wir alles haben,
wir preisen Dich für Deine Gaben.

Du speisest uns weil Du uns liebst,
drum segne auch was Du uns gibst.

Lieber Gott ich danke dir,
denn du bist so gut zu mir,

Gibst mir Eltern die mich nähren,
die mich lieben, die mich belehren,

Blumen Tiere, Mond und Sterne
alles was ich mag so gerne,

alles, alles kommt von dir,
lieber Gott ich danke dir.

Wenn die Kinder schlafen ein,
wachen auf die Sterne
und es steigen Engelein
nieder aus der Ferne,
halten wohl die ganze Nacht
bei den kleinen Kindern Wacht.

Gott Du hast mich heut bewacht,
beschütze mich auch diese Nacht.

Du sorgst für alle, Groß und Klein,
drum schlaf' ich auch jetzt ganz schnell ein.